Treinamento resistido manual

INSTITUTO PHORTE EDUCAÇÃO
PHORTE EDITORA

Diretor-Presidente
Fabio Mazzonetto

Diretora Financeira
Vânia M. V. Mazzonetto

Editor-Executivo
Fabio Mazzonetto

Diretora Administrativa
Elizabeth Toscanelli

Conselho Editorial
Francisco Navarro
José Irineu Gorla
Marcos Neira
Neli Garcia
Reury Frank Bacurau
Roberto Simão

Cauê Vazquez La Scala Teixeira

Treinamento resistido manual
A musculação sem equipamentos

2ª edição revisada e atualizada

São Paulo, 2017

Treinamento resistido manual: a musculação sem equipamentos
Copyright © 2011, 2017 by Phorte Editora

Rua Rui Barbosa, 408
Bela Vista – São Paulo – SP
CEP: 01326-010
Tel./fax: (11) 3141-1033
Site: www.phorte.com.br
E-mail: phorte@phorte.com.br

Nenhuma parte deste livro pode ser reproduzida ou transmitida de qualquer forma, sem autorização prévia por escrito da Phorte Editora Ltda.

CIP-BRASIL. CATALOGAÇÃO NA PUBLICAÇÃO
SINDICATO NACIONAL DOS EDITORES DE LIVROS, RJ

T265t
2 .ed.

Teixeira, Cauê Vazquez La Scala
Treinamento resistido manual : a musculação sem equipamentos / Cauê Vazquez La Scala Teixeira. -- 2 .ed. rev. atual. -- São Paulo : Phorte, 2017.
176 p. : il. ; 21cm.

Inclui bibliografia
ISBN: 978-85-7655-660-2
1. Educação física. 2. Musculação. I. Título.

17-41240   CDD: 613.7

            CDU: 613.71

---

ph0695.2

Este livro foi avaliado e aprovado pelo Conselho Editorial da Phorte Editora.

Impresso no Brasil
Printed in Brazil

Dedico este livro aos meus pais, Fabio
e Cristina, ao meu irmão, Raoni,
à minha esposa, Rafaela, e ao meu
filho, Davi. Vocês são tudo para mim.

Agradecimentos

A Deus, simplesmente por tudo.

À minha família, pelo eterno apoio.

À minha esposa, por todo o amor, o incentivo e pela participação nas fotos.

Aos meus colegas de trabalho, pela paciência e pela constante troca de informações.

Ao fotógrafo Caio Reis, pelos seus grandes préstimos.

A todos os meus alunos.

Apresentação

Este livro é o primeiro material publicado em língua portuguesa que aborda o assunto *treinamento resistido manual*.

Apesar de parecer um conceito novo de treinamento, as primeiras publicações em língua inglesa datam do início da década de 1980.

O treinamento resistido manual é uma metodologia que usa a resistência imposta por um parceiro de treino para a execução dos exercícios resistidos, ou seja, resistência manual. Em uma abordagem mais popular, é a musculação sem utilização de equipamentos.

Diversos estudos internacionais observaram benefícios decorrentes dessa modalidade de treinamento, o que respalda seu uso, bem difundido nos Estados Unidos.

Este livro traz aos leitores, em linguagem simples e agradável, uma análise dos estudos mais relevantes sobre o assunto, bem como sua aplicabilidade, vantagens, limitações, recomendações aos envolvidos, diretrizes para o treinamento e diversos exemplos de exercícios ilustrados.

Tenha uma ótima leitura!

O melhor instrumento de trabalho do profissional de Educação Física foi-nos dado gratuitamente por Deus: nosso próprio corpo. Vamos aproveitá-lo!

Cauê Vazquez La Scala Teixeira

Sumário

Introdução 15

Parte I – Fundamentação teórica do método
de treinamento resistido manual 19

1 Conceitos e aplicabilidade do treinamento resistido manual .. 21

2 Vantagens do treinamento resistido manual 27

3 Limitações do treinamento resistido manual 33

4 Revisão da literatura específica 39

Estudo 1: Efeitos do treinamento resistido manual
sobre força e resistência musculares de adultos jovens 40

Estudo 2: Efeitos do treinamento resistido manual sobre
variáveis morfofuncionais de escolares adolescentes 41

Estudo 3: Efeitos do treinamento resistido manual
sobre composição corporal e força muscular de dançarinas 43

Estudo 4: Efeitos do treinamento de força em soldados:
comparação entre treinamento resistido manual e exercícios
calistênicos 45

Estudo 5: Efeitos do treinamento resistido manual em idosos 46

Estudo 6: Efeitos do treinamento resistido manual sobre lactato
e fadiga percebida 46

Estudo 7: Efeitos agudos e subagudos do treinamento resistido
manual sobre a pressão arterial de sujeitos hipertensos 47

Estudo 8: Respostas psicobiológicas do treinamento resistido
manual 49

Parte 2 – Aplicação do método de treinamento resistido manual 51

5 Recomendações aos envolvidos no treinamento 53

Recomendações aos profissionais de Educação Física 53

Recomendações aos executantes 54

Recomendações aos parceiros de treino 55

6 Diretrizes para o treinamento resistido manual 59

Exemplos de sessões de treinamento resistido manual 61

Métodos de treinamento 66

7 Exercícios 73

Ombro 75

Cotovelo 111

Punho 124

Tronco 129

Quadril 139

Joelho 150

Tornozelo 163

Referências 173

Introdução

Treinamento resistido, por definição, segundo a NSCA (National Strength and Conditioning Association),[1] refere-se a um método especializado de condicionamento que envolve o uso progressivo de uma gama de cargas resistivas e uma variedade de modalidades de treinamento designadas para melhorar a saúde e/ou o desempenho esportivo.

De forma simplificada, entende-se por treinamento resistido qualquer metodologia de treinamento que utilize como princípio uma resistência oposta à tensão gerada pela contração da musculatura esquelética, com o objetivo primário de desenvolver a força muscular em suas diversas manifestações (força máxima, força rápida/explosiva, força de resistência, força dinâmica).

O termo *treinamento resistido* pode ser considerado sinônimo de outros termos, como *treinamento de força*, *treinamento contrarresistência*, *treinamento com pesos* e *musculação*.

No entanto, segundo o ACSM (American College of Sports Medicine),[2] treinamento resistido (*resistance training*) é a nomenclatura mais bem aceita pela comunidade científica.

As salas de musculação são, sem dúvida, ambientes onde o treinamento resistido pode ser desenvolvido com muita eficácia e segurança. Isso tanto é verdade que grande parte dos estudos científicos relacionados ao treinamento resistido é realizada em salas tradicionais de musculação, com a utilização de pesos livres e máquinas específicas.

Contudo, é um grande equívoco limitar o treinamento resistido às salas de musculação. Segundo Teixeira e Guedes Jr.,[3] a aplicação dos exercícios resistidos não se restringe às academias, podendo ser realizada em qualquer outro ambiente, desde que exista uma resistência oposta à tensão gerada pela contração da musculatura esquelética. Nesse contexto, ao se analisar o panorama do mercado *fitness* brasileiro e mundial, percebe-se uma pequena taxa de frequência da população nas academias. No Brasil, dados de pesquisa específica revelaram que apenas cerca de 4% da população frequenta esses ambientes.[4] Essa realidade faz surgirem novas tendências de mercado, com o intuito de adequar os produtos oferecidos às necessidades da sociedade. Nesse sentido, Thompson[5] aponta duas importantes tendências de mercado que direcionam para a prática do treinamento sem equipamentos: exercícios com o peso corporal e exercícios ao ar livre.

Segundo Bryant,[6] músculos não têm cérebro, assim, não conseguem identificar o que está sendo usado para proporcionar a resistência (barras, anilhas, halteres, parceiros de treino etc.), apenas identificam que existe uma resistência oposta.

Ratificando essa ideia, o NSCA[1] afirma que o termo *treinamento resistido* abrange uma gama muito ampla de modalidades e objetivos de treinamento. Assim, na falta de barras, anilhas e outros aparelhos, é possível praticar exercícios resistidos sem acessórios, utilizando o peso do próprio corpo ou uma resistência oferecida por um parceiro de treino. Mesmo em situações nas quais equipamentos estão à disposição, a aplicação de métodos alternativos pode ser interessante para variar estímulos fisiológicos e, principalmente, motivacionais.[7]

E é com o intuito de oferecer mais uma possibilidade viável e eficiente de treinamento ao grande público interessado, profissional ou não, que este livro aborda, de forma pioneira em língua portuguesa, o tema *treinamento resistido manual* (do inglês, *manual resistance training*).

As páginas a seguir trarão aos leitores as definições desse novo conceito, bem como as diretrizes para sua aplicação e diversos exemplos de exercícios ilustrados.

Parte I

Fundamentação teórica do método de treinamento resistido manual

I Conceitos e aplicabilidade do treinamento resistido manual

Treinamento resistido manual é um conceito que utiliza uma resistência de natureza humana durante os exercícios resistidos. Segundo Hedrick,[8] é definido como uma forma de treinamento de força no qual os exercícios são executados contra uma resistência imposta por um parceiro de treino.

Apesar de parecer uma metodologia nova, as primeiras publicações a respeito do treinamento resistido manual datam do início da década de 1980.[9,10] A título de curiosidade, outras nomenclaturas que fazem referência ao treinamento resistido manual são *treinamento de força com resistência manual*, *treinamento de força cooperativo* ou *treinamento de força improvisado*.

Como já mencionado, é uma alternativa que utiliza uma forma mais convencional de resistência para os programas de treinamento de força. Na ausência de barras, de anilhas ou de máquinas, um parceiro de treino oferece, de forma manual, resistência ao movimento (exercício), por meio de uma tensão oposta à força que está sendo empregada pelo executante.

A ideia inicial é oferecer uma metodologia de treinamento facilmente aplicável e eficiente para situações em que não há disponibilidade de equipamentos, por exemplo:

- período de férias ou feriados;
- viagens;
- treinamento personalizado em domicílio ou ao ar livre (*personal training*);
- Educação Física Escolar;
- treinamento em ambiente de trabalho (ginástica laboral);
- treinamento de força em ambiente de competição (atletas).

Esse tipo de treinamento não precisa ser praticado de forma isolada, ou seja, pode ser incorporado à rotina normal de treinamento de musculação ou de ginástica, realizando-se um ou mais exercícios entre os convencionais.[11] Essa é uma ideia interessante para quebrar a rotina habitual dos treinamentos de musculação, oferecendo novos estímulos fisiológicos e motivacionais.

Ademais, pode ser uma estratégia para complementar os programas de treinamento que enfatizam outros componentes da aptidão física que não a força muscular. Por exemplo, programas de treinamento prioritariamente aeróbios (corridas, ciclismo, natação) precisam de exercícios complementares de força muscular para o aperfeiçoamento do desempenho na atividade principal (aeróbia), bem como para o auxílio na prevenção de lesões.

O treinamento resistido manual é uma opção interessante para complementar esses programas, tendo em vista sua praticidade e fácil aplicabilidade em qualquer ambiente.

Outro ponto interessante é o seu simples ajuste a qualquer tipo de público, como crianças e adolescentes. Ainda hoje, os aparelhos de musculação são fabricados tendo como base um homem adulto médio, tanto nas medidas quanto nos ajustes de sobrecarga. Esse fato dificulta sua adequação para crianças e adolescentes.

No treinamento resistido manual, esse problema é sanado, pois a resistência é aplicada diretamente sobre o segmento que será exercitado somente após a criança estar em correta posição inicial do exercício, e a dosagem da resistência, mesmo sendo subjetiva, estará de acordo com a capacidade dela.

Ainda com relação às crianças, o treinamento resistido manual pode ser uma excelente ferramenta de trabalho nas aulas de Educação Física Escolar, tendo em vista as limitações de equipamentos, principalmente em escolas públicas (ver Estudo 2, Capítulo 4).

De um extremo a outro, deixando de focar as crianças e pensando no treinamento de atletas (treinamento desportivo), o treinamento resistido manual pode ser uma excelente metodologia para ser aplicada diretamente no ambiente de competição. Além de ser eficiente, proporciona ao atleta uma melhor "ambientação", ou seja, ele realiza seus treinamentos em ambiente semelhante ao das competições, o que tende a familiarizá-lo com o local. Com relação especificamente ao treinamento resistido manual aplicado em atletas, ver Estudo 3 (Capítulo 4).

Outro exemplo interessante, mantendo o foco ainda no treinamento desportivo, acontece com os atletas de modalidades de luta. Nessas modalidades, sobretudo naquelas em que há "luta agarrada" (jiu-jítsu, MMA – artes marciais mistas –, *wrestling*, entre outras), a resistência encontrada pelo atleta durante a luta é de natureza humana, ou seja, imposta pelo adversário. Caso os treinadores optem pela aplicação do treinamento resistido manual, a natureza da resistência (humana) será igual à encontrada na competição, o que possibilita uma melhor transferência para a luta, atendendo ao princípio da especificidade.[12] Nesses casos, para aprimorar o desempenho, os exercícios escolhidos devem também ser o mais específicos possível (ver Capítulo 7).

As situações citadas são alguns exemplos de como o treinamento resistido manual pode ser vantajoso e benéfico para diversos públicos, objetivos e/ou necessidades. O próximo capítulo detalhará algumas vantagens dessa modalidade de treinamento.

2 Vantagens do treinamento resistido manual

No treinamento tradicional com pesos livres, a resistência oposta à contração muscular é variável, pois a tensão gerada pela musculatura tende a variar de acordo com o grau de movimento articular. Em outras palavras, quanto maior o braço de resistência do sistema de alavanca (distância entre a articulação e o peso), maiores serão a sobrecarga e a tensão muscular, apesar de o peso se manter constante. A Figura 2.1 ilustra essa ideia, para melhor entendimento.

Para minimizar esse problema, foram criados aparelhos de musculação com sistema de polias. De acordo com o nome, esse sistema utiliza polias para que a carga esteja sempre contra a gravidade, oferecendo resistência durante todo o movimento. Além do sistema de polias simples, existe, também, o sistema de polias excêntricas, que têm diversos raios e proporcionam variação da resistência durante os graus de amplitude de movimento articular, de acordo com a variação da curva de força nos exercícios (Figura 2.2).[13]

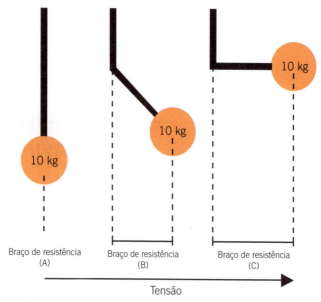

FIGURA 2.1 – Ilustração da tensão gerada pela contração da musculatura esquelética, de acordo com o tamanho do braço de resistência da alavanca, mantendo carga constante. Quando o braço de resistência é nulo (A), a tensão é mínima ou nula. À medida que o braço de resistência aumenta (B), a tensão muscular aumenta, até atingir seu máximo no ponto de maior braço de resistência (C), mesmo não havendo alteração da carga externa.

Essa variação da carga de trabalho durante a amplitude de movimento chama-se *acomodação da resistência*.[14] Essa acomodação da resistência permite que a contração muscular seja próxima da máxima durante toda a amplitude de movimento.

Segundo Adamovich e Seidman[15] e Dorgo, King e Rice,[16] o treinamento resistido manual incorpora o conceito de acomodação da resistência, haja vista que, de acordo com a força empregada pelo executante, o parceiro de treino ajusta a resistência oposta.

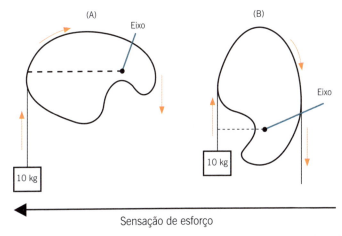

FIGURA 2.2 – Exemplo de polia excêntrica com diferentes raios. Quando a distância entre o eixo e o cabo é maior (A), a resistência parece ser mais pesada e, geralmente, coincide com o ângulo articular em que se desenvolve maior tensão. Entretanto, quando a distância é menor (B), a resistência parece ser mais leve, coincidindo com o ângulo articular em que é desenvolvida menor tensão.

Ainda de acordo com os mesmos autores,[15,16] diversas investigações especulam que exercícios que provocam contração muscular máxima em toda a amplitude de movimento podem promover maiores ganhos de força do que exercícios com carga constante. Desse modo, em teoria, o treinamento resistido manual pode promover ganhos similares ou, até mesmo, superiores aos proporcionados pelo treinamento tradicional com pesos.No entanto, vale ressaltar que a quantidade de investigações a respeito ainda é limitada e que o treinamento tradicional de força (musculação) ainda é a modalidade primária quando se pensa em treinamento resistido.

Segue resumo das vantagens da utilização de resistência manual no treinamento resistido. [8,17,18]

- Nenhum equipamento é requerido para execução dos exercícios, que podem ser realizados em qualquer lugar, a qualquer hora e sem custo.
- Fácil aplicabilidade, independentemente do público-alvo (crianças, idosos, atletas etc.).
- Grande quantidade de pessoas pode ser treinada ao mesmo tempo, inclusive o executante e o parceiro de treino, em situações nas quais o exercício permita (Figuras 2.3 e 2.4).
- Não depende da força da gravidade, dessa forma, os indivíduos podem ser treinados independentemente da posição corporal em que se encontram (deitado, sentado, em pé).
- Maiores níveis de interação social, característica que pode proporcionar benefícios psicobiológicos interessantes (ver Estudo 8, Capítulo 4).
- Os músculos podem ser trabalhados de forma máxima em toda amplitude de movimento, em decorrência da acomodação da resistência, principalmente nos exercícios uniarticulares (movimentos angulares).
- A forma e a técnica de execução são controladas de maneira mais direta pelo parceiro de treino, evitando possíveis erros na execução.

- A velocidade dos exercícios pode ser facilmente controlada; a força/velocidade empregada durante a série tende a diminuir com a instauração da fadiga, porém, o parceiro de treino pode ajustar o nível de resistência (carga) para compensar a fadiga.
- Pela possibilidade de rápido ajuste na resistência e na velocidade, pode ser uma excelente estratégia para a recuperação de indivíduos lesionados e/ou para a prevenção de lesões.

Figura 2.3 – Exercício de remada sentada (posição inicial). Exemplo em que executante e parceiro podem treinar ao mesmo tempo, realizando o mesmo exercício.

Figura 2.4 – Exercício de remada sentada (posição final).

3 Limitações do treinamento resistido manual

Assim como qualquer outro meio ou método de treinamento, o treinamento resistido manual não apresenta somente vantagens. Algumas limitações podem ser observadas.[8] Por exemplo, o ajuste das cargas de trabalho é muito menos preciso quando se utiliza resistência manual, haja vista que o ajuste das cargas em um treinamento de força tradicional se dá pela quantificação do peso (em quilogramas, no Brasil).[16,19] Todavia, o reconhecimento dessas limitações contribui para tornar o exercício mais seguro e eficiente. No exemplo citado, referente ao ajuste da carga de trabalho, um parceiro de treino experiente na função conseguirá minimizar o problema (*feeling*).

Algumas das limitações relativas à utilização da resistência manual são:[8]

- Pelo menos duas pessoas são necessárias para a realização dos exercícios, o que limita a independência na execução. *Solução*: dominar outras técnicas de treinamento sem equipamentos, como a autorresistência (*self-resistance exercises*) e a calistenia (exercícios com o peso corporal).[20]
- O executante precisa aprender previamente o exercício, se possível em equipamentos de musculação. *Solução*: enfatizar a técnica nas primeiras sessões de treino.
- O parceiro de treino deve ser experiente, dominando a maneira mais segura e eficaz de oferecer a resistência. *Solução*: reforçar o aprendizado por meio de estudos específicos (leitura, cursos etc.).
- O executante pode ser prejudicado pela fadiga do parceiro de treino. *Solução*: ocupar posição que ofereça vantagem mecânica para aplicação da resistência manual; uma boa sugestão é deixar o executante na posição deitada, o que facilita a aplicação e o controle da resistência por parte do parceiro de treino.
- O executante pode ser significativamente mais forte que o parceiro de treino. *Solução*: ocupar posição que oferece vantagem mecânica (ver tópico anterior) ou explorar exercícios unilaterais (Figuras 3.1 e 3.2).
- Ajuste de carga subjetivo e menos preciso em relação ao treinamento tradicional. *Solução*: utilizar

ferramentas para controle de carga interna, como percepção subjetiva de esforço (por exemplo: escala de Borg, de OMNI-RES) ou explorar a falha concêntrica, trabalhando por zonas de repetições máximas (por exemplo: 8 a 10 repetições máximas), o que minimiza a necessidade de conhecer a carga externa de treino.

FIGURA 3.1 – Exemplo de exercício unilateral para o ombro, no caso de o executante ser mais forte do que o parceiro de treino. Elevação unilateral (posição inicial).

Figura 3.2 – Elevação unilateral para o ombro (posição final).

De fato, fica evidente que existem limitações no treinamento resistido manual, assim como em qualquer modalidade de treinamento. Entretanto, essas limitações podem ser minimizadas por profissionais que aprimoram sua capacidade de ensinar os exercícios, bem como supervisionam ao máximo sua execução. Para tanto, algumas recomendações devem ser seguidas, de acordo com a função desempenhada (profissional que prescreve, executante, parceiro de treino), conforme será visto no Capítulo 5.

Apesar dessas limitações, muitos estudos comprovaram benefícios em indivíduos submetidos a programas de treinamento resistido manual. Os principais estudos relacionados ao assunto serão tratados no próximo capítulo.

4 Revisão da literatura específica

O treinamento resistido manual ainda é um tema pouco difundido na comunidade científica. No entanto, alguns estudos obtiveram sucesso em decorrência de intervenções baseadas nessa modalidade de treinamento.

No Brasil, algumas pesquisas foram publicadas nos últimos anos, e a quantidade de estudos ainda é limitada. Todavia, periódicos internacionais de alto impacto científico têm apresentado publicações recentes e interessantes sobre o treinamento resistido manual.

Neste capítulo, serão relatados os estudos mais recentes e de maior relevância relacionados ao assunto, com a finalidade de oferecer respaldo científico ao conteúdo desta obra.

Estudo I: Efeitos do treinamento resistido manual sobre força e resistência musculares de adultos jovens

Dorgo, King e Rice[16] investigaram os efeitos do treinamento resistido manual sobre a força e a resistência musculares, e compararam os resultados aos obtidos por meio de um programa de treinamento tradicional com pesos.

Para tanto, 84 jovens estudantes saudáveis foram selecionados e divididos em dois grupos distintos de treinamento: o que treinou com *resistência manual* (MRT) e o que *treinou com pesos* (WRT).

Todos os sujeitos foram avaliados quanto à força e à resistência musculares nos períodos pré-treinamento, treinamento e pós-treinamento, nos exercícios de supino e agachamento (com pesos). Os testes utilizados foram os seguintes: teste de carga máxima dinâmica (CMD ou 1 RM) para força máxima; teste de repetições máximas com 70% da CMD para a resistência muscular.

O protocolo de treinamento teve duração de 14 semanas, frequência de 3 vezes por semana e sessões com 1 hora de duração. As sessões de treinamento foram organizadas em um esquema de *triset* (minicircuito), com a realização de três exercícios em sequência após um breve intervalo entre eles (20-30 segundos).

O volume do treinamento iniciou com um total de 15 séries por sessão e progrediu gradativamente, até alcançar um total de 28 séries por sessão ao final da intervenção. A intensidade das repetições permaneceu na zona de hipertrofia (8-12 RM).

Após 14 semanas de treinamento, ambos os programas proporcionaram aumento da força e da resistência musculares, e nenhuma diferença estatística foi observada entre os grupos MRT e WRT.

Os autores concluíram que os aumentos na força e na resistência muscular após 14 semanas de treinamento resistido manual foram similares aos proporcionados pelo treinamento tradicional com pesos, portanto, um programa bem designado de treinamento resistido manual pode ser efetivo para a melhora da aptidão muscular.

Estudo 2: Efeitos do treinamento resistido manual sobre variáveis morfofuncionais de escolares adolescentes

Dorgo et al.[19] analisaram as alterações físicas em adolescentes em decorrência da utilização do treinamento resistido manual nas aulas de Educação Física Escolar.

Duzentos e vinte e dois estudantes foram divididos em três grupos distintos: um grupo-controle, que continuou praticando as aulas normais de Educação Física; um grupo experimental que complementou as aulas de Educação Física com o treinamento resistido manual; e um grupo experimental que complementou as aulas de Educação Física com treinamento resistido manual e de resistência cardiovascular.

Todos os sujeitos foram submetidos a avaliações nos períodos pré-treinamento e treinamento, após 9 e 18 semanas de treinamento. Os procedimentos utilizados foram: índice de massa corporal, dobras cutâneas e testes de aptidão física incluindo corrida de 1 milha, teste abdominal (*curl-up*), teste de extensão lombar (*trunk lift*), flexão de braço, tempo de permanência suspenso em barra fixa (*flexed arm hang*) e flexão modificada em barra fixa.

O protocolo de treinamento resistido manual foi igual para ambos os grupos experimentais. Teve duração de 18 semanas, com frequência semanal de 3 vezes. As sessões de treinamento foram organizadas em um esquema de tri-set (minicircuito), com a realização de 3 exercícios em sequência após um breve intervalo entre eles (20-30 segundos), totalizando 2 tri-sets por sessão.

O volume de treinamento iniciou com um total de 12 séries por sessão e progrediu gradativamente até atingir um total de 28 séries nas últimas sessões. A faixa de repetições ficou entre 8 e 14 RM.

Os resultados documentaram que, em comparação com as condições iniciais, os grupos experimentais melhoraram significativamente o desempenho em todos os testes de aptidão executados, mostrando resultados melhores do que os do grupo-controle nos dois períodos de avaliação (9 e 18 semanas). Em nenhum dos grupos foram observadas alterações na composição corporal dos sujeitos.

Os autores concluíram que o treinamento resistido manual é efetivo para a melhora da aptidão física em adolescentes e pode ser facilmente inserido nas aulas de Educação Física Escolar.

Estudo 3: Efeitos do treinamento resistido manual sobre composição corporal e força muscular de dançarinas

Vetter e Dorgo[21] analisaram o efeito do treinamento resistido manual (chamado pelos autores, nesse estudo, de treinamento resistido com improviso de parceiros) sobre a força muscular, as circunferências corporais e o percentual de gordura corporal de dançarinas colegiais.

Dezoito dançarinas foram divididas em dois grupos: grupo-controle e grupo experimental. Todas foram submetidas a avaliações nos períodos pré e pós-treinamento. O protocolo de avaliações contou com as seguintes mensurações:

- teste de CMD (1 RM) nos exercícios de extensão e flexão de joelhos, *leg press*, supino, puxada frontal, extensão de tronco e flexão de tronco modificada (*sit-up*);

- pesagem hidrostática;
- circunferências corporais de cintura, quadril, ombros, braços e coxas.

O protocolo de treinamento teve duração de 8 semanas, com frequência semanal de 3 vezes e sessões com 1 hora de duração.

As sessões eram compostas por 8 exercícios para os principais grupos musculares, e os sujeitos executavam 2 séries de 10 RM em cada exercício.

Ao final do estudo, nenhum grupo mostrou alterações significativas no peso e na composição corporal. O grupo experimental mostrou significativa diminuição somente nas circunferências de cintura e de quadril, sem alteração nas demais medidas.

Com relação ao desempenho no teste de CMD, o grupo experimental mostrou aumento significativo nos sete exercícios testados, sendo observada diferença estatística sobre o grupo--controle em cinco exercícios.

Em conclusão, oito semanas de treinamento resistido manual foram eficientes para aumentar a força muscular geral em dançarinas, podendo ser uma estratégia interessante para complementar o trabalho de condicionamento físico em atletas dessa modalidade.

Estudo 4: Efeitos do treinamento de força em soldados: comparação entre treinamento resistido manual e exercícios calistênicos

Dombroski e Henderson[22] compararam o ganho de força nos membros superiores decorrente de duas metodologias de treinamento distintas: *treinamento resistido manual* (MRT) e *treinamento com exercícios calistênicos* (CE). A amostra foi composta por 1.100 soldados norte-americanos divididos nos grupos MRT e CE. O protocolo de treinamento durou 12 semanas e foi aplicado durante as aulas de condicionamento físico dos soldados em serviço. Toda a amostra foi submetida aos testes de força de preensão manual em dinamômetro, arremesso de *medicine ball* e quantidade de flexões de braço em 2 minutos. Os resultados revelaram melhor desempenho no grupo MRT em comparação ao CE em todos os testes realizados.

Em conclusão, os exercícios com resistência manual foram superiores aos exercícios calistênicos para o aumento de força nos membros superiores de soldados norte-americanos. No entanto, cabe ressaltar que os autores não detalharam as variáveis de treinamento adotadas no estudo (exercícios, séries, repetições, intensidade etc.), o que impossibilita uma análise mais criteriosa e a reprodução do estudo.

Estudo 5: Efeitos do treinamento resistido manual em idosos

Tokumaru et al.[23] investigaram os efeitos de 24 semanas de treinamento resistido manual em idosos institucionalizados. A amostra foi composta por 53 idosos, divididos em 2 grupos: intervenção e controle. O grupo intervenção foi submetido a protocolo de treinamento resistido manual para os extensores dos joelhos. A frequência semanal foi de 1 vez nas primeiras 12 semanas, aumentando para 2 vezes nas 12 semanas seguintes. A sessão de treino era composta por 6 séries de 10 repetições, com intensidade controlada por percepção subjetiva de esforço (entre 13 e 15 na escala original de Borg). Os resultados revelaram aumento significativo na força isométrica de extensão de joelhos de 13,2% e 29% após 12 e 24 semanas, respectivamente. No grupo-controle, foi observada 6,3% de diminuição na força após 24 semanas. Os autores concluíram que o treinamento resistido manual é uma intervenção viável para aumentar a força de idosos.

Estudo 6: Efeitos do treinamento resistido manual sobre lactato e fadiga percebida

Teixeira, Ferreira e Gomes[24] verificaram os efeitos agudos do treinamento resistido sobre os níveis de lactato capilar e fadiga percebida em homens destreinados, comparando treinamento resistido manual e treinamento resistido com pesos livres. Todos os voluntários foram submetidos a duas sessões de treino identificadas no que se refere à quantidade de exercício, às séries, às repetições, aos intervalos e à intensidade subjetiva, diferindo apenas quanto à característica da resistência: resistência manual e peso livre. As sessões incluíram 7 exercícios, nos quais foram executadas 3 séries de 10 repetições com 1 minuto de intervalo entre as séries. A intensidade foi controlada por percepção subjetiva de esforço (5 a 7, em uma escala de 0 a 10). Os níveis de lactato e de fadiga percebida foram mensurados após as sessões. Os resultados revelaram elevação significativa do lactato capilar em ambas as intervenções, porém o treinamento resistido manual apresentou mais respostas. A fadiga percebida também aumentou nas duas sessões, sem diferença entre elas. O ponto positivo do treinamento resistido manual foi o maior estresse metabólico, sem que os sujeitos apresentassem maiores níveis de fadiga.

Estudo 7: Efeitos agudos e subagudos do treinamento resistido manual sobre a pressão arterial de sujeitos hipertensos

Teixeira et al.[25] verificaram as respostas agudas e subagudas da pressão arterial de sujeitos normotensos e hipertensos utilizando dois protocolos de treinamento resistido: *treinamento resistido manual* e *treinamento resistido com pesos livres*. Vinte e seis sujeitos (14 normotensos e 12 hipertensos) sedentários foram submetidos a sessões únicas de treinamento resistido manual e treinamento resistido com pesos livres para comparação das respostas hemodinâmicas. As sessões incluíram 7 exercícios em ordem alternada por segmento, 3 séries de 10 repetições com 1 minuto de intervalo, intensidade controlada por percepção subjetiva de esforço (5 a 7, em uma escala de 0 a 10), velocidade de execução sugerida em 1 segundo por fase e respiração passiva. As respostas da pressão arterial sistólica, da diastólica e da média, além do duplo produto, foram mensuradas. Os resultados revelaram que ambas as intervenções proporcionaram hipotensão pós-exercício no grupo hipertenso, identificada por meio da pressão arterial média. O duplo-produto foi maior no treinamento resistido manual, mas dentro dos limites de segurança. O estudo concluiu que o treinamento resistido manual parece ser seguro e eficiente para hipertensos, podendo ser uma opção para situações nas quais equipamentos específicos não estão disponíveis para os exercícios resistidos.

Estudo 8: Respostas psicobiológicas do treinamento resistido manual

Teixeira et al.[25] compararam os efeitos do treinamento resistido manual com o treinamento resistido com pesos livres sobre as respostas agudas de ansiedade, de afetividade e de humor. Para tanto, uma amostra de 26 homens foi submetida a sessões únicas de treinamento resistido manual e treinamento resistido com pesos livres. Ambas as sessões incluíram 7 exercícios em ordem alternada por segmento, 3 séries de 10 repetições com 1 minuto de intervalo, intensidade controlada por percepção subjetiva de esforço (5 a 7, em uma escala de 0 a 10), velocidade de execução sugerida em 1 segundo por fase. Os resultados revelaram efeito mais relevante do treinamento resistido manual sobre os níveis de ansiedade e variáveis negativas do humor. Provavelmente, a maior interação social proporcionada pelo método tenha contribuído para os resultados.

Apesar da existência de alguns estudos reportando benefícios decorrentes do treinamento resistido manual, ainda há uma grande lacuna científica sobre esse assunto, sobretudo em relação a seus efeitos em sujeitos treinados.

Parte 2

Aplicação do método de treinamento resistido manual

5 Recomendações aos envolvidos no treinamento

Conforme já visto, o treinamento resistido manual pode oferecer diversos benefícios à saúde e ao condicionamento físico de seus praticantes. No entanto, algumas recomendações são necessárias a todas as pessoas envolvidas no treinamento, a fim de minimizar a probabilidade de erros e de potencializar os resultados.[5]

Recomendações aos profissionais de Educação Física

O profissional responsável pela prescrição e supervisão dos exercícios deve ter formação superior em Educação Física e registro profissional em órgão competente, além de experiência considerável ou de especialização em treinamento resistido.

Além disso, algumas recomendações práticas poderão auxiliar no sucesso do trabalho:

- entender e explicar de forma clara as responsabilidades do executante e do parceiro de treino;
- executar previamente os exercícios com auxílio de outro profissional, a fim de desenvolver as habilidades necessárias para prescrever e corrigir cada exercício;
- prescrever os exercícios somente após dominar completamente sua técnica de execução, caso contrário, repetir o treinamento quantas vezes forem necessárias;
- se possível, usar recursos visuais, auditivos e sinestésicos para explicar o exercício ao praticante.

Recomendações aos executantes

Aos executantes, caberá somente o domínio completo da técnica de execução do exercício; entretanto as recomendações a seguir contribuem para a segurança e a eficácia do trabalho.

- Comunicação constante com o parceiro de treino é necessária para garantir que a quantidade ideal de resistência esteja sendo aplicada (*feedback*) e para minimizar o risco de lesões, devendo permanecer no decorrer das sessões de treinamento, a fim de que a carga de trabalho seja adequadamente ajustada.

- Informar o parceiro de treino dos limites quanto à amplitude de movimento articular, quando atingidos.

- Manter tensão constante nos músculos trabalhados, principalmente na fase excêntrica do movimento (fase de frenagem); um breve alívio na tensão pode proporcionar pequenos momentos indesejáveis de descanso, o que diminui a intensidade do exercício.

- Manter um padrão de respiração que atenda a um ciclo respiratório (inspiração e expiração) para cada repetição.

- Frequentemente, reforçar o aprendizado das técnicas de execução dos exercícios por meio de leitura especializada; se possível, levar consigo algum livro ou guia de bolso durante o treinamento.

Recomendações aos parceiros de treino

O parceiro de treino recebe posição de destaque no treinamento resistido manual, haja vista sua fundamental participação para a obtenção dos melhores resultados.

Assim, torna-se essencial a leitura e a compreensão dos itens a seguir.

- Manter comunicação constante com o executante, encorajando-o sempre a oferecer parâmetros quanto à aplicação da resistência.

- O parceiro de treino deve permanecer em posição que ofereça sempre vantagem mecânica sobre o executante, permitindo, assim, o controle intencional da carga, sem grande esforço; manter o executante deitado facilita a aplicação da resistência na maioria dos exercícios.

- Oferecer a resistência em sentido sempre oposto ao torque gerado pelo executante, no caso de exercícios em que o segmento executa movimento angular (exercícios uniarticulares); a resistência deve ser aplicada com variação de sentido (Figura 5.1).

- Ajustar a resistência de acordo com o nível percebido de fadiga do executante.

- A transição entre as fases concêntrica (vencer a resistência) e excêntrica (ceder à resistência) deve ser suave, mas com constante aplicação de resistência, que precisa ser maior na fase excêntrica, tendo em vista o aumento da capacidade de geração de força nessa fase.[13]

- Não aplicar resistência máxima nas primeiras repetições da série; permitir o aquecimento muscular e a instalação gradual da fadiga; a resistência deve aumentar após 3-4 repetições.

- Não aplicar resistência máxima nos ângulos de maior amplitude de movimento articular, tendo em vista a diminuição da capacidade de gerar força durante o alongamento extremo (pouca quantidade de pontes cruzadas).
- Não aplicar resistência máxima durante as primeiras sessões de treino, pois estas devem enfatizar o aprendizado da técnica correta de execução.

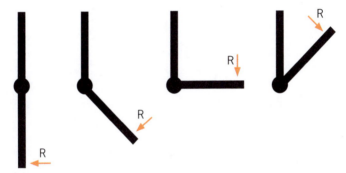

FIGURA 5.1 – Alteração no sentido de aplicação da resistência (R) de acordo com o grau de movimento articular. Repare que a resistência está sempre perpendicular ao segmento ao qual é aplicada, pois tal segmento efetua um movimento angular.

6 Diretrizes para o treinamento resistido manual

Os exercícios com resistência manual não são indicados para o treinamento da força rápida/explosiva (potência), pois a resistência oferecida pelo parceiro de treino pode não se adequar às curvas de força geradas nessas atividades.[16] Além disso, não atende à especificidade das situações cotidianas e esportivas que exigem a aplicação dessa manifestação de força, que utilizam os conceitos físicos da inércia.

Como já visto, evidências recentes mostraram bons resultados na força e na resistência muscular em decorrência de programas de treinamento resistido manual. Assim, as diretrizes para esse treinamento se baseiam nos protocolos de treinamento tradicionais de hipertrofia (força dinâmica), pois as diversas investigações a respeito dessa modalidade obtiveram sucesso trabalhando dessa maneira.[16]

Em resumo, as diretrizes para a manipulação das variáveis de treinamento são listadas nas Tabelas 6.1 e 6.2, divididas pelo nível de experiência do praticante:

Tabela 6.1 – Diretrizes para o treinamento resistido manual (iniciantes)

Quantidade de exercícios	8 a 10 para os principais grupos musculares; 1 a 2 por grupo muscular
Ordem dos exercícios	Alternado por segmento Multiarticulares → uniarticulares
Séries	Simples (1 série)
Repetições	8 a 15 repetições máximas
Velocidade de execução	1 a 2 segundos para cada fase
Intervalo entre séries e exercícios	Aproximadamente, 1 minuto
Frequência semanal	2 a 3 dias por semana em dias alternados

Tabela 6.2 – Diretrizes para o treinamento resistido manual (intermediários e avançados)

Quantidade de exercícios	8 a 10 para um total de 2 a 3 grupos musculares; 2 a 4 por grupo muscular
Ordem dos exercícios	Localizado por articulação Prioritário
Séries	Múltiplas (2 a 4 séries)
Repetições	8 a 12 repetições máximas ou 40 a 70 segundos de execução contínua
Velocidade de execução	1 a 2 segundos (concêntrica) 3 a 4 segundos (excêntrica)
Intervalo entre séries e exercícios	1 a 2 minutos
Frequência semanal	4 a 5 dias por semana (treino parcelado)

Além das recomendações citadas, por se tratar de um método que não permite quantificação objetiva da carga, alguns estudos[23,25] sugerem o uso de escala de percepção subjetiva de esforço para controlar a intensidade nas sessões de treino. As escalas mais populares e que podem ser facilmente aplicadas no treinamento são Borg CR-10[26] e OMNI-RES.[27] Para sujeitos com diferentes níveis de condicionamento físico, as zonas de percepção de esforço sugeridas para o treinamento são:

- *Iniciantes*: 6 a 7.
- *Intermediários*: 7 a 8.
- *Avançados*: 8 a 10.

Exemplos de sessões de treinamento resistido manual

Seguem alguns exemplos de sessões de treinamento resistido manual para alunos, desde o nível iniciante até o avançado.

Eles são baseados nas diretrizes citadas, com o intuito de facilitar o entendimento delas.

A técnica de execução dos exercícios citados, bem como suas ilustrações, serão detalhadas no capítulo seguinte.

Iniciantes

Tabela 6.3 – Exemplo de treinamento para iniciantes com frequência de três vezes por semana em dias alternados

Frequência semanal						
Segunda	Terça	Quarta	Quinta	Sexta	Sábado	Domingo
A	*Off*	A	*Off*	A	*Off*	*Off*

Treino A – Principais grupos musculares

Exercício	*Séries*	*Repetições*	*Intervalo*
Supino reto	1	12-15 RM	1 min
Agachamento	1	12-15 RM	1 min
Puxada pela frente	1	12-15 RM	1 min
Flexão de joelhos deitado	1	12-15 RM	1 min
Desenvolvimento aberto	1	12-15 RM	1 min

Treino A – Principais grupos musculares

Exercício	*Séries*	*Repetições*	*Intervalo*
Gêmeos sentado	1	12-15 RM	1 min
Remada sentado	1	12-15 RM	1 min
Abdominal *crunch*	2	15 RM	1 min
Extensão lombar	2	15 RM	1 min

Intermediários

Tabela 6.4 – Exemplo de treinamento para alunos intermediários com frequência de quatro vezes por semana

Frequência semanal

Segunda	Terça	Quarta	Quinta	Sexta	Sábado	Domingo
A	B	*Off*	A	B	*Off*	*Off*

Treino A – Peitoral, deltoide (anterior/lateral), tríceps, panturrilhas, abdominal

Exercício	*Séries*	*Repetições*	*Intervalo*
Supino reto	2	10-12 RM	1 min
Crucifixo	2	10-12 RM	1 min
Desenvolvimento aberto	2	10-12 RM	1 min
Elevação lateral	2	10-12 RM	1 min
Tríceps-testa	2	10-12 RM	1 min
Tríceps-coice	2	10-12 RM	1 min
Gêmeos com joelho estendido	2	10-12 RM	1 min
Gêmeos com joelho flexionado	2	10-12 RM	1 min
Abdominal *crunch*	3	12-15 RM	1 min

Continua

Continuação

Treino B – Dorsal, deltoide (posterior), trapézio, bíceps, coxas, lombar			
Exercício	*Séries*	*Repetições*	*Intervalo*
Puxada pela frente	2	10-12 RM	1 min
Remada sentado	2	10-12 RM	1 min
Crucifixo inverso	2	10-12 RM	1 min
Encolhimento de ombros	2	10-12 RM	1 min
Rosca direta	2	10-12 RM	1 min
Rosca martelo	2	10-12 RM	1 min
Agachamento	3	10-12 RM	1 min
Extensão de joelhos	2	10-12 RM	1 min
Flexão de joelhos deitado	2	10-12 RM	1 min
Extensão lombar	3	12-15 RM	1 min

Avançados

Tabela 6.5 – Exemplo de treinamento para alunos avançados com frequência de seis vezes por semana

Frequência semanal						
Segunda	Terça	Quarta	Quinta	Sexta	Sábado	Domingo
A	B	C	A	B	C	*Off*

Treino A – Peitoral, tríceps, antebraço			
Exercício	*Séries*	*Repetições*	*Intervalo*
Supino sentado	3	8-10 RM	2 min
Crucifixo	3	8-10 RM	2 min

Continua

Continuação

Supino alternado	3	8-10 RM	2 min

Treino A – Peitoral, tríceps, antebraço

Exercício	*Séries*	*Repetições*	*Intervalo*
Tríceps-testa	3	8-10 RM	2 min
Tríceps-coice	3	8-10 RM	2 min
Extensão de punhos	3	8-10 RM	1 min
Flexão de punhos	3	8-10 RM	1 min

Treino B – Dorsal, bíceps, abdominal, lombar

Exercício	*Séries*	*Repetições*	*Intervalo*
Puxada pela frente	3	8-10 RM	2 min
Remada unilateral	3	8-10 RM	2 min
Puxada fechada	3	8-10 RM	2 min
Rosca unilateral	3	8-10 RM	2 min
Rosca Scott	3	8-10 RM	2 min
Abdominal *crunch*	4	10-12 RM	1 min
Extensão lombar	4	10-12 RM	1 min

Treino C – Membros inferiores, deltoide

Exercício	*Séries*	*Repetições*	*Intervalo*
Agachamento	3	8-10 RM	2 min
Stiff	3	8-10 RM	2 min
Extensão de joelhos	3	8-10 RM	2 min
Flexão de quadris	3	8-10 RM	2 min
Gêmeos com joelho estendido	3	10-12 RM	1 min
Desenvolvimento aberto	3	8-10 RM	2 min
Remada alta	3	8-10 RM	2 min
Crucifixo inverso	3	8-10 RM	2 min

Os exemplos citados têm a finalidade apenas de ilustrar as diretrizes para o treinamento resistido manual. O profissional de Educação Física, com base nessas diretrizes e nos conceitos de parcelamento de treino de força (presentes na maioria dos livros de musculação), deve sentir-se à vontade para organizar o treinamento, a fim de adequá-lo à sua realidade, assim como aos objetivos e às necessidades de seus alunos.

Métodos de treinamento

Com o avanço do treinamento, novos estímulos são requeridos para que ocorra adaptação (ajustamento) a ele, tendo em vista a experiência já adquirida pelo praticante.

Diversas são as maneiras de se oferecerem estímulos diferentes durante o treinamento resistido, desde as mais simples, como a modificação na quantidade de exercícios, de séries e de repetições, até as mais sofisticadas, como a implantação de métodos e sistemas de treinamento avançados.

Os métodos e sistemas de treinamento resistido disponíveis na literatura foram elaborados por atletas e treinadores para serem aplicados em salas de musculação tradicionais, utilizando os equipamentos disponíveis nesses ambientes.

No treinamento resistido manual, em virtude da ausência de equipamentos, a aplicação de todos os métodos e sistemas de treinamento torna-se limitada, no entanto, algumas variações podem ser facilmente aplicadas.

Seguem alguns métodos de treinamento que podem ser aplicados com facilidade no treinamento resistido manual, podendo ser utilizados com o intuito de promover novos estímulos fisiológicos e motivacionais aos praticantes. As descrições têm base em diversas obras da literatura específica.[28,29]

Bi-set

Este método consiste na execução de dois exercícios sem intervalo entre o primeiro e o segundo. Ao término do segundo exercício, realiza-se um intervalo de descanso.

Em geral, é aplicado de duas maneiras distintas:

- *Agonista-antagonista*: a combinação dos exercícios inclui exercícios que mobilizam grupos musculares antagonistas entre si (exemplo: supino reto e remada aberta).
- *Agonista-agonista*: a combinação dos exercícios inclui exercícios que mobilizem o mesmo grupo muscular (exemplo: rosca direta e rosca a 45°).

Tri-set

É semelhante ao método anterior, no entanto, realizam-se três exercícios em sequência. Após a realização do terceiro exercício, faz-se um intervalo de descanso.

Bem como o bi-set, a combinação dos exercícios pode incluir exercícios para o mesmo grupo muscular ou para grupos musculares distintos.

Série gigante

Também é semelhante aos métodos anteriores, no entanto, realizam-se quatro ou mais exercícios em sequência, sem intervalo, que será feito após a realização do último exercício.

Assim como os demais, a combinação dos exercícios pode incluir exercícios para o mesmo grupo muscular ou para grupos musculares distintos.

Pré-exaustão

Consiste na execução de um exercício monoarticular precedendo a execução de um multiarticular, e ambos devem mobilizar o mesmo grupo muscular (alvo).

Ao tomar o músculo peitoral como alvo, um exemplo desse método seria a execução do crucifixo (monoarticular) antecedendo a execução do supino reto (multiarticular).

Pós-exaustão

É semelhante ao método de pré-exaustão, realizado de forma inversa, porém, realiza-se o exercício multiarticular antes do monoarticular.

Utilizando os mesmos exercícios citados, executa-se, primeiro, o supino reto e, depois, o crucifixo.

Repetições parciais

Consiste na execução de repetições parciais de um determinado exercício, ou seja, as repetições são realizadas em amplitude de movimento reduzida.

Um exemplo clássico desse método na musculação é a realização do rosca 21. Nesse exercício, a amplitude de movimento total é dividida em duas partes, e o executante realiza 7 repetições de flexão de cotovelo até 90°; na sequência, 7 repetições de 90° até completa flexão; e, então, 7 repetições em amplitude de movimento completa.

Exaustão

Consiste na execução de repetições de um dado exercício até que haja falha concêntrica, ou seja, até que o executante não consiga mais realizá-lo mantendo sua correta técnica de execução.

Nesta metodologia, o número de repetições não é estipulado. O exercício é executado até a exaustão.

HIT (*high intensity training*)

Este método é semelhante ao método de exaustão, no entanto, após a falha concêntrica, o executante continua realizando repetições parciais até que não consiga mais movimentar o segmento exercitado, ou seja, até a exaustão completa.

Todos os métodos avançados de treinamento citados têm por objetivo principal a hipertrofia muscular.

A eficácia de um método sobre outro ainda é algo inconclusivo na literatura, mas, mesmo que houvesse conclusões, cada indivíduo responderia de uma maneira distinta a determinado estímulo, de acordo com o princípio da individualidade biológica.

Assim, vale experimentar todos os métodos, com o objetivo de identificar quais se adaptam melhor ao aluno.

7 Exercícios

A maioria dos exercícios que utilizam resistência manual não necessita de equipamentos para sua execução. No entanto, com o intuito de enriquecer o programa de treinamento e torná-lo mais seguro e eficaz, alguns materiais de baixo custo podem ser utilizados, por exemplo: bancos, cadeiras, mesas, degraus (*steps*), canos de PVC ou cabos de vassoura, cordas, cintas ou toalhas.[16,19]

Todos os exercícios de musculação, sejam realizados com pesos livres ou em aparelhos, podem ser simulados no treinamento resistido manual.[5] Para tanto, é necessário conhecimento prévio da técnica de execução dos exercícios convencionais de musculação, bem como conceitos básicos de Cinesiologia e Biomecânica.

Os exercícios aqui expostos e suas respectivas descrições das técnicas de execução foram baseados nas referências bibliográficas utilizadas neste livro, que contou com grande colaboração do professor ph.D. Sandor Dorgo, professor-assistente do Departamento de Cinesiologia da Universidade do Texas em El Paso (The University of Texas at El Paso). Eles foram divididos em sessões com base na articulação principal em que atuam, e os principais grupos musculares mobilizados em cada um foram citados com base na obra de Marchetti et al.[30]

A execução de cada exercício será detalhada levando-se em consideração somente sua fase concêntrica, para facilitar o entendimento. O local de aplicação da resistência pelo parceiro de treino é citado tendo por base a posição anatômica (Figura 7.1).

A forma como os exercícios são ilustrados tem o objetivo de deixá-los semelhantes à maneira como são executados em sala de musculação. Cabe aqui destacar que, para maior conforto do executante e melhor eficiência na aplicação da resistência manual pelo parceiro de treino, a posição para realização dos exercícios pode ser modificada, tendo em vista que sua eficiência não depende da força da gravidade. Para esse objetivo, a execução em decúbito (dorsal, ventral ou lateral) é sugerida na maioria dos exercícios.

Figura 7.1 – Posição anatômica.

Ombro

Os exercícios que mobilizam a articulação do ombro estão divididos em sete seções distintas, tendo como base o movimento articular executado: adução, abdução, adução horizontal, abdução horizontal, flexão, extensão e rotação.

Figura 7.2 – Ombros.

Adução

Puxada frontal aberta

- *Movimento*: adução de ombros com flexão de cotovelos.
- *Grupos musculares*: latíssimo do dorso, redondo maior, romboide maior (ação sobre a escápula), bíceps braquial.
- *Execução*: sentado no chão ou em um banco, executar os movimentos de adução dos ombros com simultânea flexão dos cotovelos (puxar de cima) até sua completa flexão.
- *Atenção*: evitar o balanceio do tronco; se possível, expirar na fase concêntrica do movimento.
- *Parceiro de treino*: aplicar a resistência sobre a barra de forma linear vertical para cima. O parceiro de treino também pode posicionar-se por detrás do executante, para facilitar a aplicação da resistência.

FIGURA 7.3 – Puxada frontal aberta (posição inicial).

FIGURA 7.4 – Puxada frontal aberta (posição final).

Adução de ombros

- *Movimento*: adução de ombros.
- *Grupos musculares*: latíssimo do dorso, redondo maior, romboide maior (ação sobre a escápula).
- *Execução*: em pé ou sentado, executar o movimento de adução dos ombros partindo de 90° de abdução, com as palmas das mãos voltadas para baixo.
- *Atenção*: evitar o balanceio do tronco; se possível, expirar na fase concêntrica do movimento.
- *Parceiro de treino*: aplicar a resistência sobre a face anterior distal do antebraço de forma angular.

Figura 7.5 – Adução de ombros (posição inicial).

FIGURA 7.6 – Adução de ombros (posição final).

Abdução

Desenvolvimento aberto

- *Movimento*: abdução de ombros com extensão de cotovelos.
- *Grupos musculares*: deltoide (acromial e clavicular), supraespinal, tríceps braquial.
- *Execução*: sentado no chão ou em um banco, executar os movimentos de abdução dos ombros com simultânea extensão dos cotovelos (empurrar para cima) até sua completa extensão.
- *Atenção*: manter o alinhamento natural da coluna; se possível, expirar na fase concêntrica do movimento.

- *Parceiro de treino*: aplicar a resistência sobre os punhos de forma linear vertical para baixo (sobre o eixo longitudinal do antebraço).

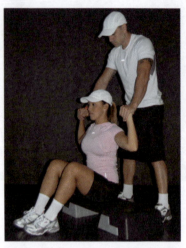

Figura 7.7 – Desenvolvimento aberto (posição inicial).

Figura 7.8 – Desenvolvimento aberto (posição final).

Remada alta

- *Movimento*: abdução de ombros com flexão dos cotovelos.
- *Grupos musculares*: deltoide (acromial), supraespinal, trapézio (descendente), bíceps braquial.
- *Execução*: em pé ou em decúbito dorsal, executar os movimentos de abdução dos ombros com simultânea flexão dos cotovelos até que os punhos atinjam altura próxima à do queixo.
- *Atenção*: evitar o balanceio do tronco; se possível, expirar na fase concêntrica do movimento.
- *Parceiro de treino*: aplicar a resistência sobre a barra de forma linear vertical para baixo.

Figura 7.9 – Remada alta (posição inicial).

FIGURA 7.10 – Remada alta (posição final).

Elevação lateral

- *Movimento*: abdução de ombros.
- *Grupos musculares*: deltoide (acromial e clavicular), supraespinal.
- *Execução*: em pé ou sentado, executar o movimento de abdução dos ombros partindo da posição anatômica com as palmas das mãos voltadas para o corpo.
- *Atenção*: evitar o balanceio do tronco; se possível, expirar na fase concêntrica do movimento.
- *Parceiro de treino*: aplicar a resistência sobre a face posterior distal do antebraço de forma angular.

FIGURA 7.11 – Elevação lateral (posição inicial).

FIGURA 7.12 – Elevação lateral (posição final).

Adução horizontal

Supino reto

- *Movimento*: adução horizontal de ombros com extensão de cotovelos.
- *Grupos musculares*: peitoral maior, deltoide (clavicular), tríceps braquial.
- *Execução*: em decúbito dorsal sobre um banco ou *step*, executar os movimentos de adução horizontal dos ombros, com simultânea extensão dos cotovelos (empurrar para a frente) até sua completa extensão.
- *Atenção*: evitar a hiperextensão da coluna lombar; se possível, expirar na fase concêntrica do movimento.
- *Parceiro de treino*: aplicar a resistência sobre a barra de forma linear vertical para baixo.
- *Variações*: a variação de planos pode ser simulada (inclinado e declinado); o exercício pode ser realizado de forma alternada (alternando os movimentos dos membros superiores).

Exercícios 85

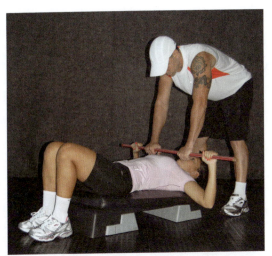

FIGURA 7.13 – Supino reto (posição inicial).

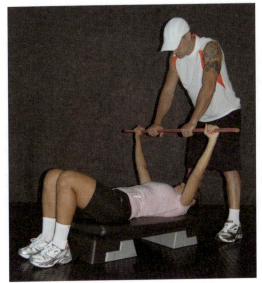

FIGURA 7.14 – Supino reto (posição final).

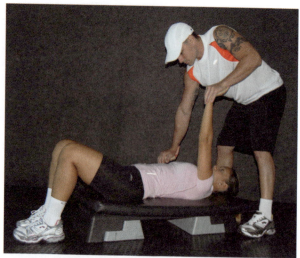

FIGURA 7.15 – Supino alternado (posição inicial).

FIGURA 7.16 – Supino alternado (posição final).

Flexão de braços

- *Movimento*: adução horizontal de ombros com extensão de cotovelos.
- *Grupos musculares*: peitoral maior, deltoide clavicular, tríceps braquial.
- *Execução*: em posição de prancha ventral, com apoio das extremidades no solo (mãos e pés), executar os movimentos de adução horizontal dos ombros com simultânea extensão dos cotovelos (empurrar para a frente) até sua completa extensão, partindo de, aproximadamente, $80°$ de flexão dos cotovelos.
- *Atenção*: manter alinhamento de tronco e membros inferiores; se possível, expirar na fase concêntrica do movimento.
- *Parceiro de treino*: aplicar a resistência sobre a face posterior do tronco à linha dos ombros de forma linear.

FIGURA 7.17 – Flexão de braços (posição inicial).

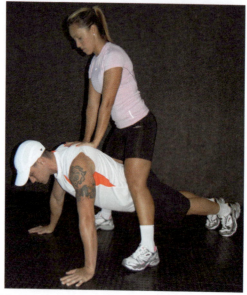
FIGURA 7.18 – Flexão de braços (posição final).

Crucifixo

- *Movimento*: adução horizontal de ombros.
- *Grupos musculares*: peitoral maior, deltoide (clavicular).
- *Execução*: em decúbito dorsal sobre um banco ou *step*, executar o movimentos de adução horizontal dos ombros, partindo de completa abdução horizontal, com os antebraços em posição neutra.
- *Atenção*: evitar a hiperextensão da coluna lombar; se possível, expirar na fase concêntrica do movimento.
- *Parceiro de treino*: aplicar a resistência sobre a face anterior distal do antebraço de forma angular.
- *Variações*: a variação de planos pode ser simulada (inclinado e declinado).

FIGURA 7.19 – Crucifixo (posição inicial).

FIGURA 7.20 – Crucifixo (posição final).

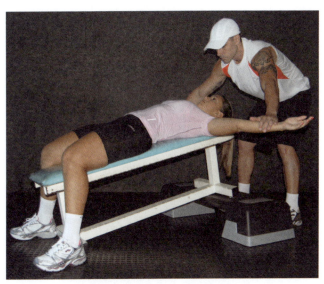
FIGURA 7.21 – Crucifixo inclinado (posição inicial).

FIGURA 7.22 – Crucifixo inclinado (posição final).

Abdução horizontal

Remada aberta

- *Movimento*: abdução horizontal de ombros com flexão de cotovelos, adução de escápulas.

- *Grupos musculares*: deltoide (espinal), romboides, trapézio (transversa), bíceps braquial.

- *Execução*: em pé ou sentado, executar os movimentos de abdução horizontal dos ombros com simultânea flexão dos cotovelos (puxar de frente); aduzir as escápulas ao final do movimento.

- *Atenção*: evitar o balanceio do tronco; se possível, expirar na fase concêntrica do movimento.

- *Parceiro de treino*: aplicar a resistência sobre a barra de forma linear horizontal, no sentido oposto ao movimento.

FIGURA 7.23 – Remada aberta (posição inicial).

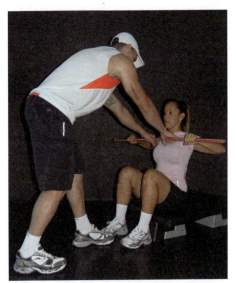
FIGURA 7.24 – Remada aberta (posição final).

Crucifixo inverso

- *Movimento*: abdução horizontal de ombros, adução de escápulas.
- *Grupos musculares*: deltoide (espinal), romboides, trapézio (transversa).
- *Execução*: em pé ou sentado, executar os movimentos de abdução horizontal dos ombros, aduzindo as escápulas ao final do movimento.
- *Atenção*: evitar o balanceio do tronco; se possível, expirar na fase concêntrica do movimento.
- *Parceiro de treino*: aplicar a resistência sobre a face posterior distal do antebraço, de forma angular.

Figura 7.25 – Crucifixo inverso (posição inicial).

FIGURA 7.26 – Crucifixo inverso (posição final).

Flexão

Desenvolvimento fechado

- *Movimento*: flexão de ombros com extensão de cotovelos.
- *Grupos musculares*: deltoide (clavicular), tríceps braquial.
- *Execução*: em pé ou sentado, executar os movimentos de flexão dos ombros com simultânea extensão dos cotovelos (empurrar para cima).

- *Atenção*: manter o alinhamento natural da coluna; se possível, expirar na fase concêntrica do movimento.
- *Parceiro de treino*: aplicar a resistência sobre os punhos, de forma linear vertical para baixo (sobre o eixo longitudinal do antebraço).
- *Variações*: o exercício pode ser realizado de forma alternada (alternando os movimentos dos membros superiores).

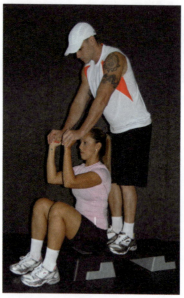

FIGURA 7.27 – Desenvolvimento fechado (posição inicial).

FIGURA 7.28 – Desenvolvimento fechado (posição final).

Elevação frontal

- *Movimento*: flexão de ombros.
- *Grupos musculares*: deltoide (clavicular).
- *Execução*: em pé ou sentado, executar o movimento de flexão dos ombros, partindo da posição anatômica com os antebraços em pronação.
- *Atenção*: evitar o balanceio do tronco; se possível, expirar na fase concêntrica do movimento.
- *Parceiro de treino*: aplicar a resistência sobre a face posterior distal do antebraço de forma angular.

FIGURA 7.29 – Elevação frontal (posição inicial).

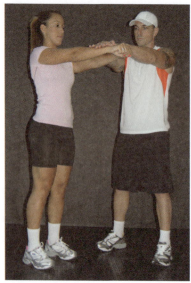

FIGURA 7.30 – Elevação frontal (posição final).

Extensão

Puxada frontal fechada

- *Movimento*: extensão de ombros com flexão de cotovelos.

- *Grupos musculares*: latíssimo do dorso, redondo maior, romboides (ação sobre a escápula), bíceps braquial, peitoral maior (pequena participação).

- *Execução*: sentado no chão ou em um banco, executar os movimentos de extensão dos ombros com simultânea flexão dos cotovelos (puxar de cima) até sua completa flexão, com os antebraços em supinação.

- *Atenção*: evitar o balanceio do tronco; se possível, expirar na fase concêntrica do mov imento.

- *Parceiro de treino*: aplicar a resistência sobre a barra de forma linear vertical para cima.

Figura 7.31 – Puxada frontal fechada (posição inicial).

Figura 7.32 – Puxada frontal fechada (posição final).

Remada fechada

- *Movimento*: extensão de ombros com flexão de cotovelos.

- *Grupos musculares*: latíssimo do dorso, redondo maior, romboides (ação sobre a escápula), bíceps braquial, peitoral maior (pequena participação).

- *Execução*: sentado no chão ou em um banco, executar os movimentos de extensão dos ombros com simultânea flexão dos cotovelos (puxar de frente) até sua completa flexão, com os antebraços em posição pronada.

- *Atenção*: evitar o balanceio do tronco; se possível, expirar na fase concêntrica do movimento.

- *Parceiro de treino*: aplicar a resistência sobre o cinto (ou a toalha) de forma linear horizontal no sentido oposto ao movimento.

- *Variações*: combinar movimentos de flexão e de extensão da coluna para aumentar a ativação nos extensores da coluna.

FIGURA 7.33 – Remada fechada (posição inicial).

FIGURA 7.34 – Remada fechada (posição final).

Pullover

- *Movimento*: extensão de ombros.
- *Grupos musculares*: latíssimo do dorso, redondo maior, peitoral maior.
- *Execução*: em decúbito dorsal em um banco ou *step*, executar o movimento de extensão dos ombros, partindo de uma completa flexão. Uma rotação medial dos ombros proporcionará maior conforto articular.
- *Atenção*: evitar a hiperextensão da coluna lombar; se possível, expirar na fase concêntrica do movimento.
- *Parceiro de treino*: aplicar a resistência sobre a face medial distal do antebraço, de forma angular.
- *Variações*: executar o exercício *pulldown*.

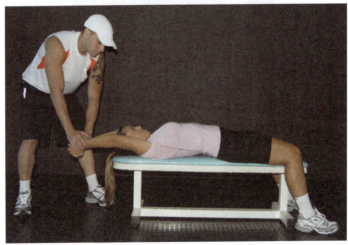

Figura 7.35 – *Pullover* (posição inicial).

FIGURA 7.36 – *Pullover* (posição final).

FIGURA 7.37 – *Pulldown* (posição inicial).

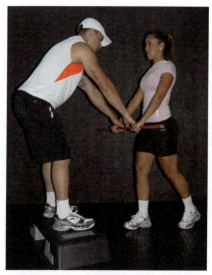

FIGURA 7.38 – *Pulldown* (posição final).

Rotação

Rotação medial de ombros

- *Movimento*: rotação medial ou interna de ombros.
- *Grupos musculares*: deltoide (clavicular), latíssimo do dorso, peitoral maior, redondo maior, subescapular.
- *Execução*: em pé ou sentado, executar o movimento de rotação medial de ombro, que deve estar em posição anatômica.
- *Atenção*: se possível, expirar na fase concêntrica do movimento.

- *Parceiro de treino*: aplicar a resistência sobre a face anterior distal do antebraço, de forma angular.
- *Variações*: executar o exercício com o ombro a 90° de abdução (em pé).

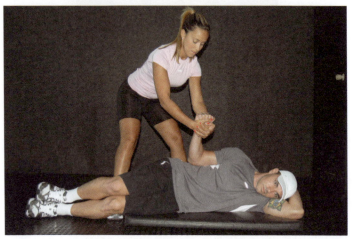

FIGURA 7.39 – Rotação medial de ombros (posição inicial).

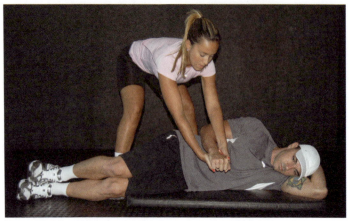

FIGURA 7.40 – Rotação medial de ombros (posição final).

FIGURA 7.41 – Rotação medial de ombro a 90° (posição inicial).

FIGURA 7.42 – Rotação medial de ombro a 90° (posição final).

Rotação lateral de ombros

- *Movimento*: rotação lateral ou externa de ombros.
- *Grupos musculares*: deltoide (espinal), redondo menor, infraespinal, supraespinal.
- *Execução*: em decúbito lateral, executar o movimento de rotação lateral de ombro, que deve estar em posição anatômica.
- *Atenção*: se possível, expirar na fase concêntrica do movimento.
- *Parceiro de treino*: aplicar a resistência sobre a face posterior distal do antebraço de forma angular.
- *Variações*: executar o exercício com o ombro a 90° de abdução (em pé).

Exercícios 109

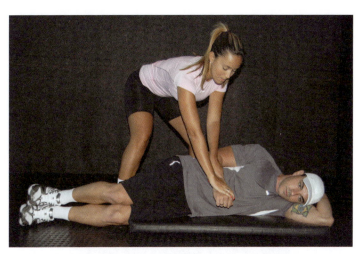

FIGURA 7.43 – Rotação lateral de ombros (posição inicial).

FIGURA 7.44 – Rotação lateral de ombros (posição final).

FIGURA 7.45 – Rotação lateral de ombro a 90° (posição inicial).

FIGURA 7.46 – Rotação lateral de ombro a 90° (posição final).

Cotovelo

Os exercícios que mobilizam a articulação do cotovelo estão divididos em duas seções distintas, tendo como base o movimento articular realizado: flexão e extensão.

Figura 7.47 – Cotovelos.

Flexão

Rosca direta

- *Movimento*: flexão de cotovelos.
- *Grupos musculares*: bíceps braquial.
- *Execução*: em pé, executar o movimento de flexão dos cotovelos com os antebraços em supinação.
- *Atenção*: evitar o balanceio do tronco; se possível, expirar na fase concêntrica do movimento.
- *Parceiro de treino*: aplicar a resistência sobre a barra, de forma angular.
- *Variações*: executar o exercício em pegada neutra (rosca martelo).

Figura 7.48 – Rosca direta (posição inicial).

Figura 7.49 – Rosca direta (posição final).

Rosca Scott improvisada

- *Movimento*: flexão de cotovelos com os ombros a 90° de flexão.
- *Grupos musculares*: bíceps braquial.
- *Execução*: sentado com os joelhos flexionados, apoiar a face posterior do braço sobre os joelhos; executar o movimento de flexão dos cotovelos com os antebraços em supinação.
- *Atenção*: se possível, expirar na fase concêntrica do movimento.
- *Parceiro de treino*: aplicar a resistência sobre a barra, de forma angular.

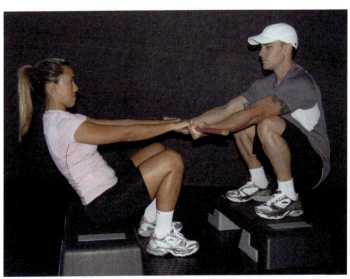
FIGURA 7.50 – Rosca Scott improvisada (posição inicial).

FIGURA 7.51 – Rosca Scott improvisada (posição final).

Rosca com hiperextensão de ombros

- *Movimento*: flexão de cotovelos com os ombros a 45° de hiperextensão.
- *Grupos musculares*: bíceps braquial.
- *Execução*: em pé, ombros em hiperextensão de aproximadamente 45°, executar o movimento de flexão dos cotovelos com os antebraços em supinação.
- *Atenção*: se possível, expirar na fase concêntrica do movimento.
- *Parceiro de treino*: aplicar a resistência sobre a face anterior distal do antebraço, de forma angular.

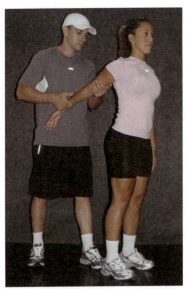

FIGURA 7.52 – Rosca com hiperextensão de ombros (posição inicial).

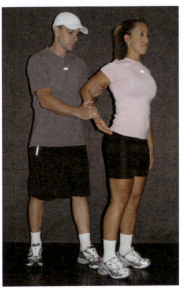

FIGURA 7.53 – Rosca com hiperextensão de ombros (posição final).

Extensão

Tríceps "tipo corda"

- *Movimento*: extensão de cotovelos.
- *Grupos musculares*: tríceps braquial.
- *Execução*: sentado em um banco, executar o movimento de extensão dos cotovelos com pegada neutra.
- *Atenção*: evitar a flexão da coluna; se possível, expirar na fase concêntrica do movimento.
- *Parceiro de treino*: aplicar a resistência sobre o cinto (ou toalha), de forma angular vertical, para cima.

FIGURA 7.54 – Tríceps tipo corda (posição inicial).

FIGURA 7.55 – Tríceps tipo corda (posição final).

Tríceps-coice

- *Movimento*: extensão de cotovelos com os ombros a 45° de hiperextensão.
- *Grupos musculares*: tríceps braquial.
- *Execução*: em pé, com inclinação de 45° do tronco à frente, ombros a 45° de hiperextensão, executar o movimento de extensão dos cotovelos.
- *Atenção*: manter o alinhamento natural da coluna; se possível, expirar na fase concêntrica do movimento.
- *Parceiro de treino*: aplicar a resistência sobre a face medial distal do antebraço, de forma angular.

FIGURA 7.56 – Tríceps-coice (posição inicial).

FIGURA 7.57 – Tríceps-coice (posição final).

Tríceps-testa

- *Movimento*: extensão de cotovelos com os ombros a 90° de flexão.
- *Grupos musculares*: tríceps braquial.
- *Execução*: em decúbito dorsal, ombros a 90° de flexão, executar o movimento de extensão dos cotovelos.
- *Atenção*: manter o alinhamento natural da coluna; se possível, expirar na fase concêntrica do movimento.
- *Parceiro de treino*: aplicar a resistência sobre a barra de forma angular.

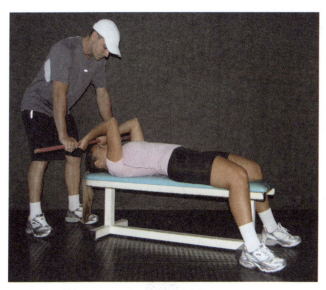

FIGURA 7.58 – Tríceps-testa (posição inicial).

FIGURA 7.59 – Tríceps-testa (posição final).

Punho

Os exercícios que mobilizam a articulação do punho estão divididos em duas seções distintas, tendo como base o movimento articular realizado: flexão e extensão.

Vale ressaltar que a articulação do punho também executa os movimentos de desvios (ulnar e radial), cabendo ao profissional do exercício criar estratégias para o trabalho dos grupos musculares responsáveis por esses movimentos, se assim o desejar.

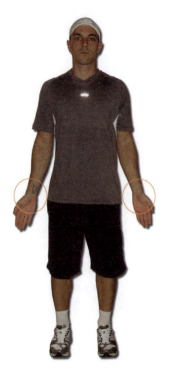

Figura 7.60 – Punhos.

Flexão

Flexão de punhos (rolador)

- *Movimento*: flexão de punhos.
- *Grupos musculares*: flexor radial do carpo, flexor ulnar do carpo, palmar longo.
- *Execução*: em pé ou sentado, executar o movimento de flexão dos punhos.
- *Atenção*: se possível, expirar na fase concêntrica do movimento.
- *Parceiro de treino*: aplicar a resistência sobre a face anterior das falanges, de forma angular.

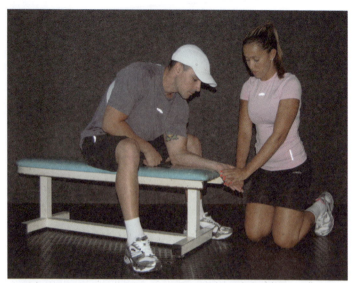

FIGURA 7.61 – Flexão de punhos (posição inicial).

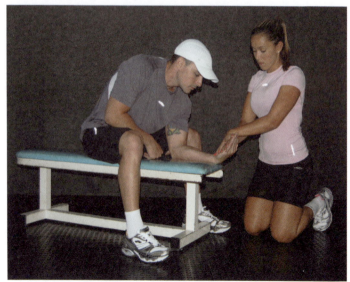

FIGURA 7.62 – Flexão de punhos (posição final).

Extensão

Extensão de punhos (rolador inverso)

- *Movimento*: extensão de punhos.

- *Grupos musculares*: extensor radial longo do carpo, extensor radial curto do carpo, extensor ulnar do carpo.

- *Execução*: em pé ou sentado, executar o movimento de extensão dos punhos.

- *Atenção*: se possível, expirar na fase concêntrica do movimento.

- *Parceiro de treino*: aplicar a resistência sobre a face posterior das falanges, de forma angular.

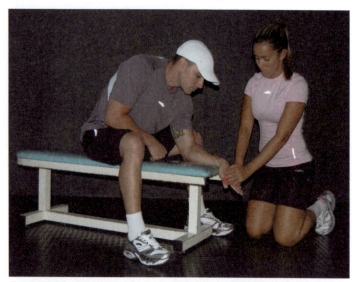

Figura 7.63 – Extensão de punhos (posição inicial).

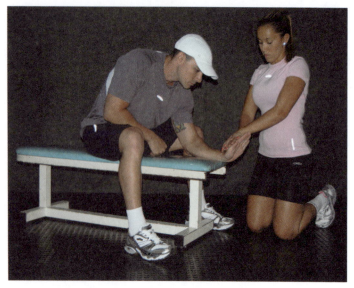

Figura 7.64 – Extensão de punhos (posição final).

Tronco

Os exercícios que mobilizam a coluna vertebral (regiões torácica e lombar) estão divididos em quatro seções distintas, tendo como base o movimento articular realizado: flexão, extensão, flexão lateral e rotação.

Vale ressaltar que a coluna cervical também realiza os movimentos de flexão, extensão, flexão lateral e rotação, cabendo ao profissional do exercício criar estratégias para o trabalho dos grupos musculares responsáveis por esses movimentos, se assim o desejar.

Figura 7.65 – Tronco.

Flexão

Abdominal *crunch* – variação com rotação

- *Movimento*: flexão da coluna.

- *Grupos musculares*: reto abdominal, oblíquos internos, oblíquos externos.

- *Execução*: em decúbito dorsal, joelhos flexionados e pés apoiados no solo, executar o movimento flexão da coluna até desencostar as escápulas do solo (iniciantes) ou até, aproximadamente, 45° de flexão (avançados).

- *Atenção*: evitar a flexão excessiva do pescoço; expirar na fase concêntrica do movimento.

- *Parceiro de treino*: aplicar a resistência sobre o cinto (ou a toalha) de forma linear horizontal no sentido oposto à flexão.

- *Variações*: executar movimentos combinados de flexão e rotação de tronco (abdominal com rotação).

FIGURA 7.66 – Abdominal *crunch* (posição inicial).

FIGURA 7.67 – Abdominal *crunch* (posição final).

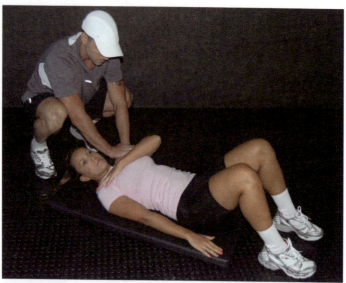

FIGURA 7.68 – Abdominal com rotação (posição inicial).

FIGURA 7.69 – Abdominal com rotação (posição final).

Extensão

Extensão de coluna e quadris

- *Movimento*: extensão da coluna.
- *Grupos musculares*: paravertebrais, glúteo máximo, isquiotibiais.
- *Execução*: sentado no solo, com leve flexão dos joelhos, executar o movimento de extensão da coluna e dos quadris, até que o tronco se aproxime do solo.
- *Atenção*: evitar excessiva hiperextensão da coluna; se possível, expirar na fase concêntrica do movimento.
- *Parceiro de treino*: aplicar a resistência sobre o cinto (ou a toalha), de forma linear horizontal, no sentido oposto à extensão.

134 Treinamento resistido manual

FIGURA 7.70 – Extensão lombar (posição inicial).

FIGURA 7.71 – Extensão lombar (posição final).

Flexão lateral

Flexão lateral de tronco

- *Movimento*: flexão lateral da coluna.
- *Grupos musculares*: quadrado lombar, oblíquo interno (lado oposto), oblíquo externo (mesmo lado).
- *Execução*: em pé, executar o movimento de flexão lateral da coluna em amplitude aproximada de 30° para cada lado.
- *Atenção*: evitar excessiva flexão lateral da coluna; se possível, expirar na fase concêntrica do movimento.
- *Parceiro de treino*: aplicar a resistência sobre o cinto (ou toalha) de forma linear diagonal para o lado oposto da flexão.

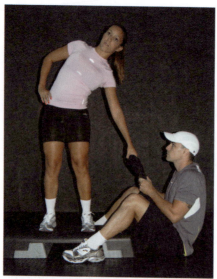
FIGURA 7.72 – Flexão lateral de tronco (posição inicial).

FIGURA 7.73 – Flexão lateral de tronco (posição final).

Rotação

Rotação de tronco

- *Movimento*: rotação da coluna.
- *Grupos musculares*: oblíquo interno (mesmo lado), oblíquo externo (lado oposto).
- *Execução*: em pé, executar o movimento de rotação da coluna em amplitude aproximada de 30° para cada lado.
- *Atenção*: evitar excessiva rotação da coluna; evitar movimentos bruscos; se possível, expirar na fase concêntrica do movimento.
- *Parceiro de treino*: aplicar a resistência sobre o cinto (ou a toalha), de forma linear horizontal, para o lado oposto ao da rotação.

Figura 7.74 – Rotação de tronco (posição inicial).

Figura 7.75 – Rotação de tronco (posição final).

Quadril

Os exercícios que mobilizam a articulação do quadril estão divididos em quatro seções distintas, tendo como base o movimento articular realizado: flexão, extensão, adução e abdução.

Vale ressaltar que a articulação do quadril também realiza os movimentos de rotação (medial e lateral), cabendo ao profissional do exercício criar estratégias para o trabalho dos grupos musculares responsáveis por esses movimentos, se assim o desejar.

Figura 7.76 – Quadris.

Flexão

Flexão de quadril deitado

- *Movimento*: flexão de quadril.
- *Grupos musculares*: iliopsoas, reto femoral.
- *Execução*: em decúbito dorsal sobre o apoio dos cotovelos no solo, executar o movimento de flexão de quadril até a amplitude máxima possível, mantendo a lordose lombar.
- *Atenção*: evitar flexão da coluna lombar; se possível, expirar na fase concêntrica do movimento.
- *Parceiro de treino*: aplicar a resistência sobre a face anterior distal da perna, de forma angular.

FIGURA 7.77 – Flexão de quadril (posição inicial).

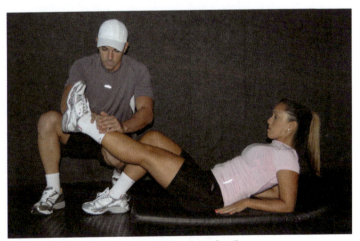
FIGURA 7.78 – Flexão de quadril (posição final).

Extensão

Levantamento terra com joelhos estendidos (*stiff*)

- *Movimento*: extensão de quadris.
- *Grupos musculares*: glúteo máximo, isquiotibiais, paravertebrais.
- *Execução*: em pé sobre um banco ou *step*, executar o movimento de extensão de quadris partindo de máxima flexão, desde que as curvaturas anatômicas da coluna sejam mantidas.
- *Atenção*: evitar flexão da coluna ao final da fase excêntrica; evitar hiperextensão da coluna ao final da fase concêntrica; se possível, expirar na fase concêntrica do movimento.
- *Parceiro de treino*: aplicar a resistência sobre a barra, de forma linear vertical, para baixo.

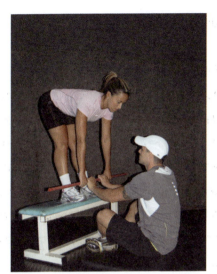

FIGURA 7.79 – *Stiff* (posição inicial).

FIGURA 7.80 – *Stiff* (posição final).

Extensão de quadril em três apoios

- *Movimento*: extensão de quadril.
- *Grupos musculares*: glúteo máximo, isquiotibiais.
- *Execução*: em posição de três apoios sobre um banco, executar o movimento de extensão de quadril partindo de uma flexão de, aproximadamente, 45°.
- *Atenção*: manter as curvaturas anatômicas da coluna; evitar hiperextensão da coluna ao final da fase concêntrica; se possível, expirar na fase concêntrica do movimento.
- *Parceiro de treino*: aplicar a resistência sobre a face posterior distal da perna, de forma angular.

FIGURA 7.81 – Extensão de quadril em três apoios (posição inicial).

FIGURA 7.82 – Extensão de quadril em três apoios (posição final).

Adução

Adução de quadril no solo

- *Movimento*: adução de quadril.
- *Grupos musculares*: adutor magno, adutor longo, adutor curto, grácil, pectíneo.
- *Execução*: em decúbito lateral, executar o movimento de adução de quadril, partindo de uma abdução de, aproximadamente, 45°.
- *Atenção*: se possível, expirar na fase concêntrica do movimento.
- *Parceiro de treino*: aplicar a resistência sobre a face medial distal da perna, de forma angular.

Exercícios 147

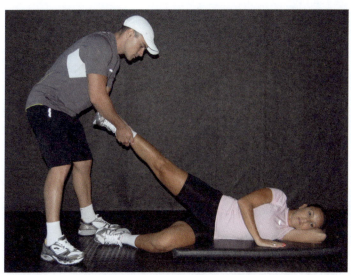

FIGURA 7.83 – Adução de quadril no solo (posição inicial).

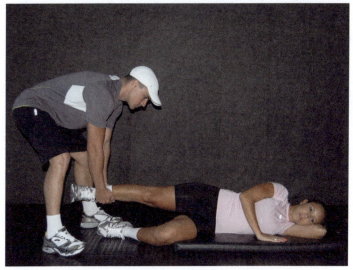

FIGURA 7.84 – Adução de quadril no solo (posição final).

Abdução

Abdução de quadril no solo

- *Movimento*: abdução de quadril.
- *Grupos musculares*: glúteo médio, glúteo mínimo, tensor da fáscia lata.
- *Execução*: em decúbito lateral, executar o movimento de abdução de quadril até, aproximadamente, 45°.
- *Atenção*: se possível, expirar na fase concêntrica do movimento.
- *Parceiro de treino*: aplicar a resistência sobre a face lateral distal da perna, de forma angular.

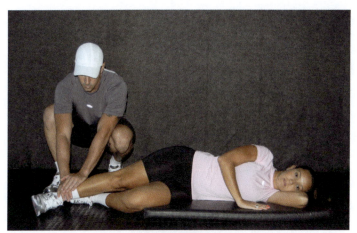

FIGURA 7.85 – Abdução de quadril no solo (posição inicial).

FIGURA 7.86 – Abdução de quadril no solo (posição final).

Joelho

Os exercícios que mobilizam a articulação do joelho estão divididos em duas seções distintas, tendo como base o movimento articular realizado: flexão e extensão.

Figura 7.87 – Joelhos.

Flexão

Flexão de joelhos deitado

- *Movimento*: flexão de joelhos.
- *Grupos musculares*: isquiotibiais.
- *Execução*: em decúbito ventral, executar o movimento de flexão de joelhos.
- *Atenção*: evitar a hiperextensão da coluna lombar; se possível, expirar na fase concêntrica do movimento.
- *Parceiro de treino*: aplicar a resistência sobre a face posterior distal da perna, de forma angular.
- *Variação*: realização do exercício unilateral.

FIGURA 7.88 – Flexão de joelhos deitado (posição inicial).

FIGURA 7.89 – Flexão de joelhos deitado (posição final).

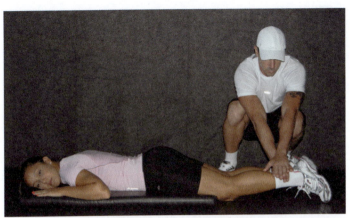

FIGURA 7.90 – Flexão de joelho unilateral (posição inicial).

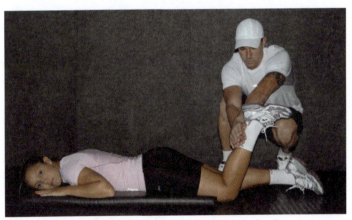

FIGURA 7.91 – Flexão de joelho unilateral (posição final).

Extensão

Agachamento

Este exercício também mobiliza a articulação dos quadris, no entanto, neste livro, está sendo abordado na sessão de exercícios que mobilizam a articulação do joelho, pela sua excelência no desenvolvimento dos músculos anteriores da coxa.

- *Movimento*: extensão de quadris com extensão de joelhos.
- *Grupos musculares*: glúteo máximo, isquiotibiais, quadríceps femoral.
- *Execução*: em pé, executar os movimentos de extensão de quadris com simultânea extensão de joelhos, partindo de, aproximadamente, 45° e 90° de flexão de quadris e joelhos, respectivamente.
- *Atenção*: manter as curvaturas anatômicas da coluna; evitar a hiperextensão da coluna lombar ao final da fase concêntrica; evitar excessiva projeção dos joelhos à frente; se possível, expirar na fase concêntrica do movimento.
- *Parceiro de treino*: aplicar a resistência sobre os ombros, de forma linear, no sentido longitudinal do tronco.
- *Variações*: executar o exercício partindo de completa flexão de joelhos (agachamento completo); executar o exercício com maior afastamento entre os pés (agachamento aberto).

FIGURA 7.92 – Agachamento (posição inicial).

FIGURA 7.93 – Agachamento (posição final).

Afundo

Como o agachamento, este exercício também mobiliza a articulação dos quadris, no entanto, neste livro, está sendo abordado na sessão de exercícios que mobilizam a articulação do joelho, pela sua excelência no desenvolvimento dos músculos anteriores da coxa.

- *Movimento*: extensão de quadril com extensão de joelho em afastamento anteroposterior dos pés.
- *Grupos musculares*: glúteo máximo, isquiotibiais, quadríceps femoral.
- *Execução*: em pé, com afastamento anteroposterior dos pés, executar os movimentos de extensão de quadril com simultânea extensão de joelho, partindo de, aproximadamente, 90° de flexão dos joelhos.
- *Atenção*: manter as curvaturas anatômicas da coluna; evitar excessiva projeção do joelho à frente; se possível, expirar na fase concêntrica do movimento.
- *Parceiro de treino*: aplicar a resistência sobre os ombros, de forma linear, no sentido longitudinal do tronco.

Figura 7.94 – Afundo (posição inicial).

Figura 7.95 – Afundo (posição final).

Extensão de joelho sentado

- *Movimento*: extensão de joelho.
- *Grupos musculares*: quadríceps femoral.
- *Execução*: sentado em um banco com leve inclinação posterior do tronco, executar o movimento de extensão de joelho.
- *Atenção*: evitar flexão da coluna; se possível, expirar na fase concêntrica do movimento.
- *Parceiro de treino*: aplicar a resistência sobre a face anterior distal da perna, de forma angular.

Exercícios 159

FIGURA 7.96 – Extensão de joelho sentado (posição inicial).

FIGURA 7.97 – Extensão de joelho sentado (posição final).

Extensão de joelhos deitado

- *Movimento*: extensão de joelhos.
- *Grupos musculares*: quadríceps femoral.
- *Execução*: em decúbito ventral, executar o movimento de extensão de joelhos partindo de, aproximadamente, 90° de flexão.
- *Atenção*: se possível, expirar na fase concêntrica do movimento.
- *Parceiro de treino*: aplicar a resistência sobre a face anterior distal da perna, de forma angular.
- *Variação*: realizar o exercício unilateral.

FIGURA 7.98 – Extensão de joelhos deitado (posição inicial).

FIGURA 7.99 – Extensão de joelhos deitado (posição final).

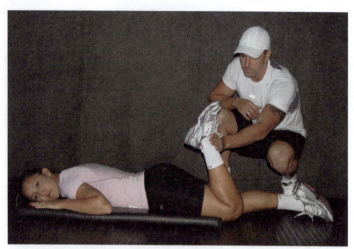

FIGURA 7.100 – Extensão de joelho unilateral (posição inicial).

FIGURA 7.101 – Extensão de joelho unilateral (posição final).

Tornozelo

Os exercícios que mobilizam a articulação do tornozelo estão divididos em duas seções distintas, tendo como base o movimento articular realizado: flexão e extensão.

FIGURA 7.102 – Tornozelos.

Flexão (dorsiflexão)

Flexão de tornozelo

- *Movimento*: flexão de tornozelo (dorsiflexão).
- *Grupos musculares*: tibial anterior, fibular terceiro.
- *Execução*: sentado em um banco ou *step*, executar o movimento de flexão de tornozelo.
- *Atenção*: se possível, expirar na fase concêntrica do movimento.
- *Parceiro de treino*: aplicar a resistência sobre a face superior do antepé, de forma angular.

Exercícios 165

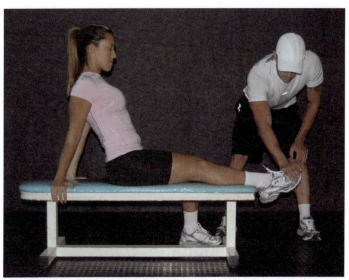

FIGURA 7.103 – Flexão de tornozelo (posição inicial).

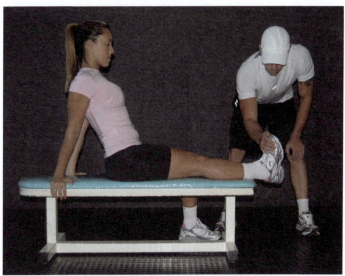

FIGURA 7.104 – Flexão de tornozelo (posição final).

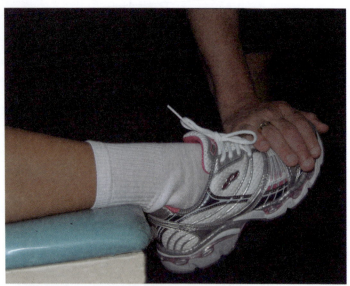

FIGURA 7.105 – Flexão de tornozelo (posição inicial).

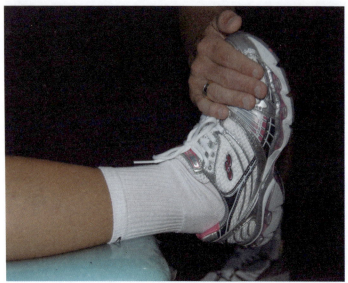

FIGURA 7.106 – Flexão de tornozelo (posição final).

Extensão (flexão plantar)

Gêmeos com joelhos flexionados

- *Movimento*: extensão de tornozelos (flexão plantar) com os joelhos flexionados.
- *Grupos musculares*: gastrocnêmios, sóleo.
- *Execução*: sentado em um banco, com apoio dos antepés sobre um *step*, executar o movimento de extensão de tornozelos.
- *Atenção*: se possível, expirar na fase concêntrica do movimento.
- *Parceiro de treino*: aplicar a resistência sobre a face anterior distal da coxa, de forma linear, no sentido longitudinal da perna.

Figura 7.107 – Gêmeos com joelhos flexionados (posição inicial).

Figura 7.108 – Gêmeos com joelhos flexionados (posição final).

Gêmeos com joelhos estendidos

- *Movimento*: extensão de tornozelos (flexão plantar) com os joelhos estendidos.
- *Grupos musculares*: gastrocnêmios, sóleo.
- *Execução*: sentado no solo ou em um banco, com os joelhos estendidos, executar o movimento de extensão de tornozelos.
- *Atenção*: se possível, expirar na fase concêntrica do movimento.
- *Parceiro de treino*: aplicar a resistência sobre a face inferior do antepé, de forma angular.

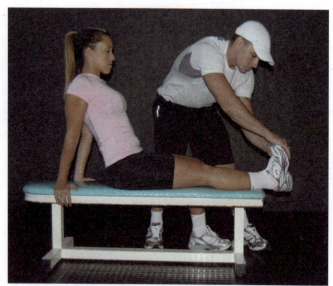

FIGURA 7.109 – Gêmeos com joelhos estendidos (posição inicial).

FIGURA 7.110 – Gêmeos com joelhos estendidos (posição final).

Exercícios 171

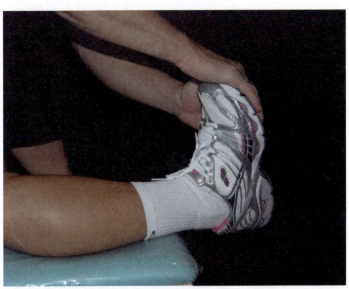

FIGURA 7.111 – Extensão de tornozelo (posição inicial).

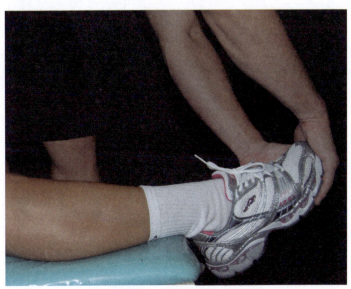

FIGURA 7.112 – Extensão de tornozelo (posição final).

Referências

1. FAIGENBAUM, A. D. Youth resistance training: update position statement paper from the National Strength and Conditioning Association (NSCA). *J. Strength Cond. Res.*, Lincoln, v. 23, p. S60-79, 2009. Suppl. 5.

2. AMERICAN COLLEGE OF SPORTS MEDICINE (ACSM). *ACSM's guidelines for exercise testing and prescription*. 7. ed. Lippincott Williams & Wilkins, 2006.

3. TEIXEIRA, C. V. L. S.; GUEDES JR., D. P. *Musculação – perguntas e respostas*: as 50 dúvidas mais frequentes nas academias. São Paulo: Phorte, 2010.

4. INTERNATIONAL HEALTH, RACQUET & SPORTSCLUB ASSOCIATION (IHRSA). *IHRSA latin american report*: dimensão e abrangência dos principais mercados de academias. Boston: IHRSA, 2012.

5. THOMPSON, W. R. Worldwide survey of fitness trends for 2016: 10th anniversary edition. *ACSM'S Health Fit. J.*, v. 19, n. 6, p. 9-18, Nov./Dec. 2015.

6. BRYANT, C. Manual resistance exercise: strength training without equipment. *J. Ariz. Assoc. Phys. Ed. Rec. Dance*, v. 28, n. 5, p. 21-4, 1990.

7. AMERICAN COLLEGE OF SPORTS MEDICINE (ACSM). *ACSM's resources for the personal trainer*. 4. ed. Philadelphia: Lippincott Williams & Wilkins; 2014.

8. Hedrick, A. Manual resistance training for football athletes at the U.S. Air Force Academy. *Strength Condit. J.*, v. 21, n. 1, p. 6-10, 1999.

9. Riley, D. B. Manual resistance: a productive alternative (part 1). *Scholast. Coach*, n. 51, p. 80-6, 1981.

10. Diange, J. Manual resistance exercises: incorporated during both the in-season and off-season, this program will help athletes develop and maintain strength. *Athl. J.*, v. 62, p. 14-9, 1982.

11. Scheele, K. Manual resistance: a safe and effective way for personal trainers to challenge their clients' fitness program (special personal training section). *American Fitness*, jan. 1991.

12. Brzycki, M. Manual resistance for wrestlers. *Wrestling USA*, v. 23, n. 6, p. 24-5, 1988.

13. Teixeira, C. V. L. S.; Guedes Jr., D. P. *Musculação*: desenvolvimento corporal global. São Paulo: Phorte, 2009.

14. Fleck, S. J.; Kraemer, W. J. *Designing resistance training programs*. Champaign: Human Kinetics, 2004.

15. Adamovich, D. R., Seidman, S. R. Special Resistance Exercises: Strength Training Using MARES (manual accommodating resistance exercises). *NSCA Journal*, v. 9, n. 3, p. 57-9, 1987.

16. Dorgo, S.; King, G. A.; Rice, C. A. The effects of manual resistance training on improving muscular strength and endurance. *J. Strength Cond. Res.*, v. 23, n. 1, p. 293-303, 2009.

17. Haney, M. Manual resistance training. *Fitness Management Magazine*, v. 13, p. 37-8, 1997.

18. University of Cincinnati. *The Bearcat football strength and conditioning manual*, 2005.

19. Dorgo, S. et al. The effects of manual resistance training on fitness in adolescents. *J. Strength Cond. Res.*, v. 23, n. 8, p. 2287-94, 2009.

20. Teixeira, C. V. L. S.; Evangelista, A. L. *Treinamento funcional sem equipamentos*: calistenia, autorresistência e resistência manual. São Paulo: Livre Expressão, 2016.

21. VETTER, R. E.; DORGO, S. Effects of partner's improvisational resistance training on dancers' muscular strength. *J. Strength Cond. Res.*, v. 23, n. 3, p. 718-28, 2009.

22. DOMBROSKI, R. T.; HENDERSON, J. M. Partner resistance exercises versus calisthenics for upper body strength improvement. In: ANNUAL MEETING OF AMERICAN MEDICAL SOCIETY OF SPORTS MEDICINE, 3., 1994, Ranch Mirage, CA. *Annals...* Ranch Mirage, CA, 1994.

23. TOKUMARU, K. et al. The effects of manual resistance training on improving muscle strength of the lower extremities of the community dwelling elderly – a clinical intervention study with a control group. *J. Phys. Ther. Sci.*, v. 23, n. 2, p. 237-42, 2011.

24. TEIXEIRA, C. V. L. S.; FERREIRA, S. E.; GOMES, R. J. The influence of subjective intensity control on perceived fatigue and capillary lactate in two types of resistance training. *RBCDH*, v. 17, n. 3, p. 309-17, 2015.

25. TEIXEIRA, C. V. L. S. et al. Respostas psicobiológicas agudas do treinamento resistido com diferentes níveis de interação social. *Rev. Andal. Med. Deporte*, v. 9, n. 4, 2016. Disponível em: <http://www.elsevier.es/pt-revista-revista-andaluza-medicina-del-deporte-284-pdf-S1888754616300387-S200>. Acesso em: 07 fev. 2017.

26. BORG, G. *Borg's perceived exertion and pain scales*. Champaign: Human Kinetics, 1998.

27. ROBERTSON, R. J. et al. Concurrent validation of the OMNI perceived exertion scale for resistance exercise. *Med. Sci. Sports Exerc.*, v. 35, n. 2, p. 333-41, 2003.

28. BOSSI, L. C. *Periodização na musculação*. São Paulo: Phorte, 2009.

29. VIEIRA, F. G. *Métodos de treinamento em musculação*: periodização e variações dos principais sistemas de treinamento. São Paulo: Ícone, 2009.

30. MARCHETTI, P.; CALHEIROS, R.; CHARRO, M. *Biomecânica aplicada*: uma abordagem para o treinamento de força. São Paulo: Phorte, 2007.

Sobre o Livro
Formato: 14 x 21 cm
Mancha: 9,6 x 16,6 cm
Papel: Couché 90g
nº páginas: 176
2ª edição: 2017

Equipe de Realização
Assistência editorial
Liris Tribuzzi

Assessoria editorial
Maria Apparecida F. M. Bussolotti

Edição de texto
Gerson Silva (Supervisão de revisão)
Juliana Maria Mendes e Fernanda Fonseca (Preparação do original e copidesque)
Jonas Pinheiro e Roberta Heringer de Souza Villar (Revisão)

Editoração eletrônica
Renata Tavares (Capa, projeto gráfico e diagramação)
Évelin Kovaliauskas Custódia (Diagramação)

Fotografia
Caio Reis (Fotógrafo)
Rafaela Ferreira Ribeiro e Cauê Vazquez La Scala Teixeira (Modelos)

Impressão
Intergraf Ind. Gráfica Eireli.